LA VÉRITÉ

SUR M.

BOULANGER MILITAIRE

par Eugène Tenot.

> « Monseigneur,
> « ...C'est à vous que je dois ma nomination.
> « Je vous prie d'agréer l'expression de ma vive
> reconnaissance. Je serai toujours fier d'avoir servi
> sous un chef tel que vous et *béni serait le jour
> qui me rappellerait sous vos ordres.* »
>
> (Lettre du *général Boulanger* au duc
> d'Aumale, 8 mai 1880.)

EN VENTE

AUX BUREAUX DE LA *RÉPUBLIQUE FRANÇAISE*

53, RUE DE LA CHAUSSÉE D'ANTIN.

(PARIS)

LA VÉRITÉ

SUR

M. Boulanger Militaire

UNE LÉGENDE SANS CORPS NI BASE

Nous avons, nous Français de 1888, une fortune rare. Nous assistons à la formation d'une légende d'espèce particulière, inconnue dépuis les temps mythologiques : la légende sans corps ni base.

A l'heure actuelle, une multitude de Français croient, affirment dans la candeur de leur âme que M. Boulanger est un grand homme de guerre ; qu'il joint les vertus civiques de Hoche et de Marceau au génie militaire de Bonaparte ; que de Moltke et Bismarck tremblent à la pensée de se mesurer avec lui ; qu'il a refait l'armée française ; qu'il est le seul organisateurs capable de préparer la revanche, le seul chef capable de la réaliser ; que lui disparu, il n'y a plus rien, ni généraux ni troupes, que l'épée de la France est irrémédiablement brisée!

A cette légende, nous voulons opposer des faits, simplement, sans parti pris, sans autre passion que celle du vrai, que l'intérêt supérieur de là patrie et de la République.

M. Boulanger est un grand capitaine, affirme M. Henri Rochefort ; M. Boulanger est le seul général à qui l'on puisse remettre avec confiance le commandement suprême de l'armée française, crie M. Mayer, do *la Lanterne*.

Quand, où, dans quelles circonstances de sa carrière M. Boulanger a-t-il fait éclater ces hautes capacités militaires ?

Interrogeons les états de service du général.

L'OFFICIER

Etats de service.

M. Boulanger est entré à l'Ecole de Saint-Cyr en 1855 ; *il en est sorti dans un rang médiocre* en 1856.

Il a fait dans les tirailleurs algériens la campagne de Kabylie en 1857, puis celle d'Italie en 1859 ; il participa un peu plus tard à l'expédition de Cochinchine. Le jeune officier fait son devoir, comme on a coutume de le faire quand on est lieutenant de turcos. Il revient en France, passe capitaine et rentre à Saint-Cyr en qualité d'instructeur. Son avancement a été rapide. *Mais sa carrière n'a jusque là rien de saillant.*

La guerre de 1870 éclate. M. Boulanger ne participe d'abord à aucune des terribles et sanglantes actions du début de la campagne. Il ne compte ni parmi les héros de Reichshoffen, ni parmi les glorieux vaincus de Gravelotte. Ce n'est assurément pas sa faute, mais il ne fait partie ni de l'armée du Rhin ni de l'armée de Châlons. Il gagne son grade de commandant sans avoir vu les Allemands.

Sedan clôt la série des désastres inexpiables du plébiscite du 2 Décembre.

La République est proclamée. La France se lève à la voix de Gambetta. Des armées improvisées surgissent du sol. Tout ce qui reste d'officiers à l'intérieur, en Afrique, est employé ; tout ce qui peut se soustraire à la captivité prussienne accourt combattre jusqu'à la mort sur la Loire, à Paris, au Nord, dans l'Est. Les marins mettent pied à terre. Quiconque a des talents, quiconque est doué pour la guerre est en mesure de faire ses preuves. Des inconnus d'hier se révèlent capitaines de race. Chanzy, Jaurégulberry, Jaurès, Gougeard, sur la Loire ; Faidherbe, Lecointe, Derroja, du Bessol, à l'armée du Nord ; Denfert-Rochereau, à Belfort, s'illustrent. Un simple capitaine, Cremer, livre le mémorable combat de Nuits ; un chef d'escadron d'état-major de la veille, Billot, commande avec succès à la bataille de Beaune-la-Rolande.

La guerre est à peine terminée que surgit la formidable insurrection arabe et kabyle d'Algérie. Lallemand, Cerez, Saussier, se couvrent de gloire en la domptant.

M. Bou'anger ? — Inconnu !

Mais qui donc, au cours de ce drame, entend parler de M. Boulanger ? Il n'est plus cependant de première jeunesse ; il a quatorze ans de grade d'officier, dix ans d'âge de plus que les généraux de la Révolution. Sans doute il accomplit son devoir là où il est appelé à le faire, mais sans éclat. *Son nom ne se rattache à aucun fait d'armes,* à aucune de ces actions où le général de demain se fait deviner sous l'officier subalterne d'aujourd'hui.

Pas un seul des innombrables historiens de la

guerre ne soupçonne l'existence de M. Boulanger.

Une croix rouge de sang français.

La Commune éclate et le régiment de M. Boulanger, promu colonel, fait partie de l'armée de Versailles.

Le futur protégé de M. Rochefort se distingue dans la guerre civile. *Il ramasse sa croix de commandeur* — cette croix que refuse le général de Galliffet — *dans le sang des fédérés, pendant la lugubre semaine de Mai.*

M. Boulanger, monarchiste et clérical.

L'Insurrection communaliste est vaincue. Maintenu lieutenant-colonel par la commission des grades, M. Boulanger passa colonel après quelques années et alla prendre le commandement du 133e de ligne à Belley. *Protégé du duc d'Aumale* — sous le commandement supérieur duquel il était placé — *noté comme officier bien pensant, c'est-à-dire monarchiste et clérical, M. Boulanger jouit de la faveur du prince et fut promu, grâce à sa protection toute puissante, général de brigade en 1880.*

LE GÉNÉRAL
Courtisan du duc d'Aumale.

Dans un élan de reconnaissance imprudente, *le nouveau général écrivit au duc d'Aumale la lettre fameuse qu'il devait nier plus tard avec aplomb*, jusqu'à l'heure où la reproduction photographique fut placée sous les yeux du public.

Belley, le 8 mai 1880.

Monseigneur,

C'est vous qui m'avez proposé pour général; **c'est à vous que je dois ma nomination.**

Aussi, en attendant que je puisse le faire de vive voix à mon premier passage à Paris, **je vous prie d'agréer l'expression de ma vive reconnaissance.** Je serai toujours fier d'avoir servi sous un chef tel que vous et **béni serait le jour qui me rappellerait sous vos ordres.**

Daignez agréer, monseigneur, l'assurance de mon plus profond et plus respectueux dévouement.

Général BOULANGER.

Le général, *par la grâce de monseigneur*, prenait peu après le commandement de la 14ᵉ brigade de cavalerie à Valence.

Quelles hautes capacités montra-t-il dans ce poste? Les historiographes sont muets sur ce point.

Vocation politique inattendue.

C'est à Valence, par contre, que se déclara tout à coup sa vocation politique. Le favori du duc d'Aumale, *l'officier qui suivait les processions de l'évêque de Belley*, se découvrit subitement républicain. Le public apprit peu à peu par quelques allocutions bien senties, reproduites avec empressement par la presse locale, qu'il y avait à Valence un général républicain.

Avancement vertigineux.

Il n'y avait plus rien à retirer de la réaction clé-ricale. M. Boulanger passa à gauche et il y trouva, grâce aux mêmes procédés qu'il avait déjà em-ployés, un avancement exceptionnel.

Le général commandait depuis un an à peine sa brigade qu'il était choisi pour représenter l'armée française aux fêtes du Centenaire de l'indépendance des Etats-Unis.

A peine de retour de ce beau voyage, M. le général Bou-langer était appelé par le général Billot, ministre de la guerre du cabinet Freycinet après la chute de Gambetta, à l'une des grandes directions du ministère de la guerre, celle de l'in-fanterie.

C'est là, dans les bureaux et dans les couloirs de la Chambre, qu'il conquit avec une rapidité verti-gineuse sa troisième étoile. Il passait, en effet, général de division dès le mois de février 1884. Un décret l'investissait aussitôt après du commandement de la division d'occupation de la Tunisie. *Il avait à peine trois ans de généralat.*

La guerre est la pierre de touche décisive des généraux faits pour le commandement suprême. *Or, quand M. Boulan-ger passe général de division, il n'a plus fait la guerre depuis les journées de mai 1871. Ses der-nières lauriers ont été conquis sur les barricades de la Commune.* On a fait la guerre néanmoins depuis que le colonel Boulanger est devenu général. On s'est battu, en 1881, en Algérie, en Tunisie; on se bat encore, en 1884, en Indo-Chine. Delebecque, Logerot, Bréart, Saussier, Thomas-sin; un simple colonel : Négrier ; un simple commandant : Dominé, ont montré leurs qualités guerrières.

Constatations.

M. le général Boulanger ne fait pas plus la guerre au Tonkin qu'en Afrique. Il avance en grade aussi vite que les Négrier, mais les combats victorieux, un contre dix, ne sont pour rien dans son avancement.

Ce n'est pas une critique que nous formulons, c'est une simple constatation.

Général indiscipliné.

L'histoire militaire du commandement de M. le général Boulanger à Tunis n'est qu'une page blanche. La pacification était depuis longtemps complète quand il arriva. *Il n'eut rien à faire et ne fit rien, si ce n'est de la politique.* On n'a pas oublié ses protestations contre la décision qui le subordonnait à l'autorité civile du résident général, représentant du protectorat en Tunisie; on se souvient sans doute aussi de son ordre du jour contre le tribunal français de Tunis, coupable d'avoir jugé selon sa conscience dans une affaire de rixe entre civils et militaires.

Impatient de toute règle, incapable d'obéir, tenant déjà sa volonté pour loi, M. Boulanger passe le temps de son commandement en conflits. *Toujours mécontent, toujours réclamant,* il revient à Paris, garde six mois son commandement sans l'exercer, *se jette à corps perdu dans l'intrigue,* se pose en candidat au ministère de la guerre, *cherche à se créer un parti militaire, convoque des officiers à des conciliabules politiques, achève de séduire M. Clémenceau,* s'impose à M. de Freycinet, et finalement, le 6 janvier 1886, met la main sur le portefeuille de la guerre.

LE MINISTRE

L'armée française avant M. Boulanger.

En quel état trouve-t-il cette armée française qui, aux yeux des hypnotisés de la légende, date de lui?

La France n'a-t-elle donc rien fait, en plus de quinze années, pour réparer l'effondrement de sa puissance, châtiment fatal de l'abdication de sa liberté aux bras d'un César d'aventure? A-t-elle attendu pour ressaisir ses armes l'avènement du favori de M. le duc d'Aumale, du protégé de M. Clémenceau?

Gambetta a-t-il eu la suprême douleur de mourir en laissant la patrie désarmée?

Les arsenaux sont-ils vides, la frontière éventrée, les places démantelées, le matériel au rebut?

On éprouve quelque honte à poser ces questions. Nous le devons néanmoins, puisque nous nous attachons à saisir corps à corps une légende, et que le propre de la légende est le travestissement ou l'oubli des faits les plus éclatants d'évidence.

Tout était prêt.

Au 8 janvier 1886, l'armée française, sur pied de paix, comptait un effectif d'environ cinq cent mille hommes, non compris la gendarmerie. La loi sur le service obligatoire fonctionnait depuis quatorze ans. Aux cinq cent mille hommes de l'armée active venaient donc s'ajouter sept cent mille réservistes instruits et cinq cent mille territoriaux ayant tous également passé sous les drapeaux. Il restait encore à verser dans les dépôts, après la mise sous les armes de ce formidable contingent, plus de quatre cent mille jeunes gens valides, astreints au service en temps de guerre.

L'infanterie active comptait plus de six cents bataillons ; la territoriale, plus de quatre cents. L'artillerie de campagne était en mesure d'atteler immédiatement 2,622 pièces de canon. L'artillerie de forteresse avait été créée en 1883. Cette artillerie était pourvue d'un matériel sans rival en Europe. Le fusil de l'infanterie était égal, sinon supérieur, aux meilleurs en usage dans les grandes armées du continent.

Un prodigieux boulevard de forteresses, élevé en moins de dix années, se dressait hérissé de canons sur la frontière démembrée de 1871.

Les grandes manœuvres avaient opéré l'amalgame des réservistes et des troupes de ligne, en même temps qu'elles étaient une école inestimable du commandement.

L'instruction, la discipline, la vigueur et l'entrain de l'armée française avaient arraché des témoignages d'admiration à ses rivaux et à ses détracteurs les plus passionnés.

La mobilisation e la concentration éventuelles de l'armée à la frontière de l'Est avaient été préparées avec une parfaite précision. Le général Campenon y avait mis la dernière main dès la fin de 1883. Tout était prêt : tous les moyens d'aller à l'ennemi et tous ceux de le combattre avec succès.

La grande vaincue de 1870-71 se trouvait, quinze ans après, plus formidablement armée qu'aux époques les plus fameuses de sa prépondérance militaire.

L'organisation qui avait donné ces magnifiques résultats appelait néanmoins deux réformes essentielles.

Le service de trois ans. — L'abolition des dispenses ecclésiastiques.

La première, impatiemment attendue par l'opinion, était la fixation du service actif à trois ans et l'abrogation de certaines dispenses de service abusivement concédées par le législateur de 1872 ; la seconde, vivement souhaitée par tous les hommes compétents, était la revision de la loi des cadres et effectifs, en vue du renforcement de nos unités d'infanterie, trop souvent réduites à l'état de squelettes.

Où en étaient ces deux réformes quand M. Boulanger prit le ministère de la guerre ? La seconde, quoique préparée par les généraux Campenon et Lewal, n'était pas encore à l'état de projet de loi ; mais la première, votée à une énorme majorité par la Chambre des dépu és, à la fin de la précédente législature, était sur le point d'aboutir. La commission sénatoriale de l'armée en achevait l'examen.

Le public a la mémoire si courte qu'à l'heure actuelle nombre de braves gens, nullement atteints par la contagion plébiscitaire, s'éveillent comme d'un songe quand on leur dit que *le service de trois ans et l'incorporation des séminaristes ne sont pas l'œuvre de la Chambre actuelle et de M. Boulanger.*

C'est le général Campenon — rappelons-le donc — qui fit voter en première lecture, sous le ministère Ferry, en 1884, *et en seconde lecture,* sous le ministère Brisson, en 1885, *la loi du recrutement réduisant le service actif à trois années et abolissant totalement les dispenses ecclésiastiques. C'est le général Ferron qui a fait prévaloir de nouveau, en 1887, devant la Chambre actuelle, la même loi annulée, mise à néant par l'un des plus caractéristiques caprices ministériels de M. Boulanger.*

Prétendues réformes. — Marche en arrière.

Le premier acte important de ce ministre réformateur fut, en effet, *de dessaisir* par décret *le Sénat de la réforme qu'il était à la veille de consacrer.* Il fallait tout recommencer de fond en comble.

C'étaient, fatalement, au plus bas mot, *deux ans de perdus pour la réforme, deux ans de prolongation des priviléges si violemment dénoncés par le radicalisme.* Mais c'était signé Boulanger; le radicalisme cria bravo!

L'action réformatrice du général en ce qui touche la loi sur le recrutement s'est donc traduite par un énorme recul, puisque nous sommes à peine revenus, deux ans après, exactement au point où l'on était au commencement de 1886, c'est-à-dire à la discussion prochaine de la même loi devant le même Sénat.

Quant à la réforme des cadres et des effectifs, il fallut la chute de M. Boulanger pour permettre d'en commencer la réalisation.

Incohérence et contradictions.

Le ministre réorganisateur ne s'en tient pas là! *Les circulaires et les décisions ministérielles se suivent, pressées, hâtives, celle d'aujourd'hui contredisant celle d'hier.* Exemple :

Depuis l'adoption de la formation permanente en corps d'armée, divisions et brigades, correspondant à des divisions et subdivisions de territoire déterminées, les garnisons sont fixes; on s'attache, comme en Allemagne, à tenir les corps de troupe en permanence dans la région de recrutement de leurs réserves, le moins loin possible de leur centre de mobilisation.

Vite une circulaire prescrit de revenir au vieux système des régiments errants, cette année à Dunkerque, l'an prochain à Bayonne. Un cri s'élève : « Mais c'est une sottise ! mais c'est en contradiction formelle avec tous les principes de l'organisation moderne ! » Si ce n'avait été qu'une sottise, le grand réformateur y aurait peut-être persisté ; mais la sottise est impopulaire dans les corps d'officiers. Alors, plus d'hésitations : M. Boulanger biffe, au bout de quelques semaines, sa malencontreuse décision.

Ferme discipline... pour les autres.

Puis M. Boulanger estime, avec raison, qu'un ministre de la guerre ne doit pas souffrir la moindre velléité d'indiscipline parmi les chefs investis des hauts commandements. Il se souvient des ennuis que ses propres frasques tunisiennes, son embarquement à la Goulette et son brusque retour à Paris vienhent de causer au trop indulgent général Campenon ; et il se dit qu'il ne faut pas tolérer même l'écart le plus inoffensif.

Le général Schmitz est mis en disponibilité ; le général Saussier reçoit une lettre de blâme.

Il n'y a que vétilles insignifiantes à leur reprocher. *Mais* *l'un s'est montré d'une correction politique par-* *faite, l'autre est un glorieux soldat républicain qui* *siégeait à l'assemblée nationale contre la restaura-* *tion, quand M. Boulanger était le très humble servi-* *teur de Monseigneur le duc d'Aumale.*

Et quel moyen pour le néophyte radical de faire son *puritanisme n'est-il pas d'être tout miel pour les généraux réactionnaires, tout vinaigre pour les généraux républicains ?*

Comment on se fait une clientèle.

Par contre, mais en vertu des mêmes principes de conduite, le ministre de la guerre est *d'une indulgence sans seconde aux officiers subalternes qui ont maille à partir avec leurs chefs.* « Il reçoit, écrivait en 1886 un « journaliste bien informé, tous les officiers qui veulent l'en-« tretenir de leurs affaires, et il leur accorde souvent ce qu'ils « demandent sans consulter leurs supérieurs. » Il faut des créatures et des clients à M. le général Boulanger. Nous n'ajouterons pas un mot, car quiconque est au courant des choses de l'armée *sait quelles semences pernicieuses d'indiscipline avait jetées cette façon d'adminis-trer par-dessus la tête des principaux supérieurs hiérarchiques.*

Cependant, quelque tapage qu'eussent fait les ordonnances réformatrices sur le port de la barbe et sur la peinture en tri-colore des guérites, le général comprenait qu'elles ne pou-vaient suffire à la démonstration de son génie novateur. Non content d'avoir dessaisi le Sénat de la loi Campenon sur le recrutement, il déposa, le 25 mai 1886, sur le bureau de la Chambre, le Code organique Boulanger.

Le plan Boulanger.

Toutes nos institutions militaires étaient démo-lies à ras du sol, puis reconstruites sur le plan Boulanger, mixture incohérente de quelques idées justes et d'un plus grand nombre d'utopies désorganisatrices.

Inégalité de service.

En matière de recrutement, le projet affichait en vedette que le service serait désormais égal pour tous et qu'il comporterait trois années de présence au drapeau. Entrait-on dans le détail, on s'apercevait que *ce service égal pour tous allait être d'une année pour quelques-uns, de deux ans pour un grand nombre, de vingt-neuf mois pour la plupart, de trois ans pour personne !*

Plus de sous-officiers.

Par une aberration prodigieuse chez un militaire, le ministre de la guerre proposait la libération au bout de vingt-quatre mois des jeunes soldats les mieux dressés. *Conséquence : plus de sous-officiers.* C'était, en réalité, le service actif réduit à deux ans, c'est-à-dire le moyen assuré de n'avoir plus de cadres ni de soldats.

M. Boulanger proposait de reprendre le système que Guillaume Ier abolit, en 1860, quand il commença d'organiser l'armée qui devait vaincre à Sadowa.

Les contradictions et les inconséquences fourmillaient.

Suppression de Polytechnique et de Saint-Cyr.

L'école polytechnique était supprimée, Saint-Cyr lui-même ne trouvait pas grâce : à quoi bon des officiers savants ?

L'infanterie était répartie entre 200 régiments. Mais si le nombre des régiments était démesurément augmenté, l'effectif des soldats restait le même. Nous conservions des bataillons étiques et des compagnies squelettes.

Réduction de l'artillerie de Ire ligne.

Le génie et l'artillerie étaient fusionnés ; mais le plus clair effet de cette réforme était *de réduire à 361 le nombre de nos batteries de campagne immédiatement disponibles, qui était de 437*. Le résultat se serait chiffré par quatre cent cinquante-six pièces de canon de moins à opposer au début de la campagne aux armées allemandes.

Heureusement que le compilateur de ce code de désorganisation de l'armée française en 232 articles ne soupçonnait pas les conditions du travail parlementaire.

Il s'était flatté de remplacer en quelques mois, par la loi Boulanger, l'œuvre militaire de quinze années d'efforts patients. *Il a retardé de deux ans la discussion au Sénat du projet relatif au recrutement, et c'est tout*. La commission de l'armée de la Chambre des députés en est effectivement encore, à l'heure actuelle, à pâlir languissamment sur les 120 derniers articles du projet.

Fabrique de popularité.

Le dépôt du monumental Code organique militaire clôt la phase première de l'activité réformatrice du général Boulanger. Sa fièvre d'innovations tombe brusquement. C'est la période des voyages et des allocutions politiques qui commence.

Le ministre de la guerre promène son éloquence banale du nord au sud et de l'est à l'ouest. Il parle patrie, gloire, République.

Son accent, son geste, son air de tête, le képi crânement campé, le regard qui semble défier par delà les Vosges l'invisible ennemi, réveillent, stimulent encore plus que ses paroles la vieille fibre chauvine de notre démocratie. Le général revanche a surgi. La foule parisienne l'acclame caracolant sur son beau cheval noir à la revue dont un comique de café-concert sera le barde. Tout alimente l'engouement populaire, même ce qui devrait dessiller les yeux des plus aveugles, tout, *depuis le duel à grand orchestre avec M. de Lareinty jusqu'à la négation effrontée des lettres au duc d'Aumale*. On chante Boulanger, l'imagerie répand ses traits et le nom, inconnu de la veille, vole de beuglant en cabaret, jusqu'au fond des plus humbles villages.

D'œuvre militaire pendant cette période, on en saisit à peine trace. Une apparition aux grandes manœuvres du 18ᵉ corps où le général préconise l'offensive, — comme le faisait déjà le règlement de l'infanterie, — puis l'adoption un peu tardive du fusil Lebel, et c'est tout.

Craintes de guerre.

Cependant la situation internationale s'assombrit brusquement. M. de Bismack a-t-il cru réellement à la prochaine dictature militaire du général Boulanger ou ne se sert-il de cette tapageuse popularité qu'en guise de spectre pour obtenir du Reichstag allemand de nouveaux subsides et de nouveaux soldats? Il y a vraisemblablement un peu de l'un et de l'autre. Quoi qu'il en soit, la loi touchant le renouvellement du septennat militaire allemand est déposée. M. de Bismarck réclame, en outre, la création immédiate de 30 nouveaux bataillons d'infanterie et de 24 nouvelles batteries de campagne. L'Assemblée résiste. Le chancelier prononce le discours qui retentit comme un clairon d'alarme. Le Reichstag est dissous. Le cabinet de Berlin n'attend pas, d'ailleurs, l'élection du nouveau Reichstag pour commencer ses armements. De la fin de décembre à la fin de février, la paix est suspendue à un fil.

Comment M. Boulanger se prépare à la guerre.

Que fait, durant cette crise, M. le général Boulanger, ministre de la guerre? Quelles mesures de défense prend-il? Quels bataillons nouveaux se prépare-t-il à opposer aux trente bataillons allemands de création nouvelle?

Non seulement M. le général Boulanger n'arme pas, mais il répond aux armements de l'Allemagne par l'offre à la commission du budget de 8 à 10 millions d'économies obtenus en diminuant de 18,000 combattants le trop maigre effectif de notre infanterie.

L'Allemagne accroît ses forces actives; *M. Boulanger réduit les nôtres !*

Et cette aberration n'est, hélas ! que faute vénielle en comparaison de ce qui suit.

Bouleversement du plan de mobilisation.

M. le général Boulanger, ministre de la guerre, *choisit*, en effet, *cette heure critique* où le conflit peut éclater à l'improviste, *pour bouleverser, malgré les protestations et la résistance de l'état-major désespéré, tout le plan de mobilisation et de concentration de nos armées*, et pour substituer à un plan rationnel, combiné d'après tous les principes de la guerre moderne, une série de mesures renouvelées précisément de celles qui nous ont valu les plus sanglants désastres ?

Chacun sait ou devrait savoir aujourd'hui que le principe

fondamental de la mobilisation est que les troupes ne quittent leurs garnisons qu'après avoir effectué leur passage sur le pied de guerre. La compagnie d'infanterie, qui présente à peine 80 hommes à la caserne, doit aligner 250 fusils dans le rang ; la batterie active d'artillerie doit doubler son personnel d'hommes et de chevaux ; la compagnie du train doit se quintupler.

L'incorporation des réservistes et la réquisition des chevaux sont donc les deux opérations préliminaires indispensables avant l'embarquement des troupes pour la frontière.

C'est surtout pour avoir précipitamment expédié, dès le 15 juillet, en Alsace et en Lorraine, des régiments incomplets, sans matériel, sans attelages, et pour avoir fait errer, en cohue ! à travers la France, les réservistes et les permissionnaires à la recherche de leurs régiments que l'état-major impérial attira sur l'armée française les écrasantes défaites d'août 1870.

Plagiaire du maréchal Lebœuf.

Eh bien ! ce sont ces traditions et ces procédés du maréchal Lebœuf que M. Boulanger s'avisa tout à coup de remettre en honneur, en janvier 1887, pour se préparer à résister au choc éventuel des armées du maréchal de Moltke.

Une décision ministérielle prescrivit qu'environ 80 bataillons d'infanterie, pris un peu partout à raison d'un par régiment, partiraient pour la frontière dès le premier jour de la mobilisation, *sans attendre leurs réservistes ;* sans avoir par conséquent opéré leur passage sur pied de guerre. Et, comme chacun de ces bataillons ne devait guère posséder à la caserne plus de 300 hommes disponibles, il fut prescrit de vider de soldats les autres bataillons pour porter à 600 hommes celui qui partirait.

La moitié de l'infanterie française allait être ainsi démembrée : quatre-vingts régiments coupés en deux; le premier tronçon, avec l'élite de l'effectif permanent, peut-être écrasé à la frontière, tandis que l'autre tronçon, lourde masse de réservistes à peine encadrés, chercherait vainement à le rejoindre !

Les mêmes inepties produisant les mêmes conséquences funestes, *nous allions revoir le spectacle indicible de trouble, de confusion et de désarroi de la seconde quinzaine de juillet 1870.*

Cette violation de tous les principes, ce détraquement insensé du plan de mobilisation, rencontra, nous l'avons dit, une courageuse résistance à l'état-major général. Mais le ministre ordonna. Il fallut obéir.

Singulier choix.

C'est alors que le général Peaucellier, sous-chef d'état-major, se démit de cet emploi afin de dégager sa responsabilité.

Il fut remplacé par M. Caffarel !

Ce choix seul en dit long sur les facultés organisatrices du général Boulanger. Sa connaissance des hommes était décidément à la hauteur de sa compétence dans les choses.

Un ministre jugé. — Impéritie et infatuation.

La fortune de la France voulut que le danger imminent de guerre fût écarté par l'action du nouveau Reischtag alle mand. Quelques-uns des militaires patriotes qui avaient obéi, la mort dans l'âme, aux ordres calamiteux donnés pendant la crise, purent alors faire entendre leurs protestations. Des contre-ordres corrigèrent, en partie, le mal des décisions primitives.

Mais, dès ce jour, le ministre de la guerre était jugé. *Tout ce qu'il y a d'officiers instruits, compétents, pénétrés des principes de l'organisation moderne, était édifié sur l'insuffisance radicale de l'homme dont les caprices de la politique avaient fait le chef de l'armée française.*

Toute l'impéritie et toute l'infatuation des favoris de Napoléon III revivaient dans ce favori de la foule.

Quelques semaines plus tard, M. Boulanger quittait le ministère de la guerre.

La fin d'une carrière militaire.

Ce fut vraiment la fin de la carrière militaire du jeune général.

Son commandement du 13ᵉ corps, depuis son départ triomphal à la gare de Lyon jusqu'à sa mise en retrait d'emploi, n'est qu'une série d'épisodes de politique plébiscitaire.

Il ne commanda pas à Clermont-Ferrand, il y politiqua; ses lieutenants furent non les divisionnaires et les brigadiers du corps, mais bien les Rochefort, les Laguerre et les Mayer.

Le décret de M. le président de la République n'a fait que légaliser un fait accompli. Le général avait depuis longtemps disparu sous le politicien. Ce dernier seul reste. M. Boulanger marquera-t-il sa trace dans la politique?

Le peuple, qui plébiscitait, il y a quarante ans, pour le

futur héros du coup d'Etat et de Sedan, *livrera-t-il la troisième République à ce général sans batailles, qui n'est pas même le neveu d'un homme de génie?* L'aberration publique en 1888 sera-t-elle plus aveugle encore que l'engouement qui jeta la France de 1848 en proie au triste héritier de Napoléon?

C'est le secret de l'avenir; mais ce qui est bien acquis dès à présent, c'est que de l'œuvre militaire de l'homme de guerre et du ministre il ne restera d'autre vestige qu'un flon-flon de café-concert.

aris. — Alcan-Lévy, imp. breveté, rue Chauchat, 24.

LA REPUBLIQUE FRANÇAISE

Le plus grand Journal politique du matin

A

DIX CENTIMES (Paris et Départements)

GAMBETTA, fondateur

Directeur politique : Joseph REINACH

RÉDACTION

Eugène SPULLER — Jules ROCHE
Dionys ORDINAIRE
Eugène TÉNOT — Emmanuel ARÈNE — G. COMPAYRÉ
Francisque SARCEY — André THEURIET
ETC., ETC.

ABONNEMENTS

PARIS ET DÉPARTEMENTS
Trois mois : 10 fr. — Six mois : 20 fr. — Un an : 40 fr.